女のヒト ひとりヒトリ独りの 自立のチカラ

日本女子 no 生涯計画書

Sawa Mi-chan

文芸社

Sawa Mi~chan ♡

女のヒト
　　ひとり
　　ヒトリ
　　独りの
　自立のチカラ

日本女子 no 生涯計画書

❋ はじめに ❋

　現代の日本では、社会人のあり方が問われています。社会人として、社会貢献へ向けての関心や、職へのこだわり、金銭への価値感が崩れつつあるようです。とくに若年層にはそのような傾向の人が多いようで、わたし自身も、20代後半から、その傾向にあるひとりといえました。

　そういう状況のなかで、わたしが大切にしたいと思ったのが右の言葉です。

人として

女性としての役割
男性としての役割

そして 人権

恵み
手厚さ

人としての尊重
思いやりの心
温かい心

しかしながら
といいますか

すれ違う心

冷淡
炎上

わたしは、29歳までの独身生活を卒業し、「○○家」に嫁ぎました。恋愛というか、現代でいう"紹介"が出会いのきっかけとなり結婚しました。

　三十路前の決断でした。30代にさしかかると女性というのは、ちょうど「子宮ガン検診」や「不妊検査」をするような年齢を迎えているわけです。
　新婚生活がスタートしてからも、年齢的に「不妊症」という、赤ちゃんがなかなか授からない症状にも悩まされました。自力で漢方治療を進めてみようと、毎月のように隣町へ足を運んで、漢方薬を買いに走りました。
　無事に妊娠がわかったときは驚きと喜びでいっぱいになりました。その後は流産もなく、胎児は順調に育ち、わたしは33歳で男の子（第一子）のお母さんになることができました。

　振り返れば、未成年のときに大きなケガを負ってからというもの、わたしは、ケガの治療、キズの治療に加え、メンタルケアにより"内面のケア"を大切に"体力の改善"に努めてきたのです。

はじめに

　"改善することができたわたし"は、安産で健康な赤ちゃんをこの世に送り出すことができました。

　女性に産まれて"お母さん"の存在になれたということがうれしかったことと、赤ちゃんといっしょに産院を退院してから初めて名前を呼んだときの"赤ん坊の笑顔"が、すごく可愛くて印象的だったことで、涙があふれてきました。
　とても心に残る自分の涙になりました。
　　　　　　　　　　　　　　　　　by Mi-chan

　　――急がば回れといえども
　　　　人生の生涯における
　　　　パートナーとは
　　　　　考え深まる存在であり――

　わたしにとってかけがえのない人となりました。
　　　　　　　　　〔パートナー男性への存在思考〕

● ● 目　次 ● ●

　　はじめに　4

第1章　女のヒトのタイプと考え方・行動力
　　　　典型的な2つのタイプ　14
　　　　女性vs女性がうまくいくコツ　16
　　　　現代社会に感じとれること　18
　　Ⅰ　女性の性について　19
　　Ⅱ　幸せをつかむ行動力・考え方　22
　　Ⅲ　アラサーたちの家庭と育児の向上　23
　　Ⅳ　彼女たち集団女性群は何を守りたいか?!　24
　　Ⅴ　上手な世渡り方〜優しい嘘ってアリ?!　26

第2章　女性としての歩み〜わたしストーリー
　　Ⅰ　中高生時代　31
　　Ⅱ　短大＆専門学校時代（Wスクール）　32
　　Ⅲ　地元で就職・独身OL時代　33
　　Ⅳ　治療すべきこと　35
　　Ⅴ　独身OLへのメッセージ　36
　　Ⅵ　男性目線から見た女性像とは　37
　　Ⅶ　主婦としての観点　38
　　Ⅷ　お母さんになって　39

第3章　心のサロン〜強い女性になるために
 Ⅰ　心療内科的なおしゃべりサロン　　42
 Ⅱ　強い女のヒトとは　　43

第4章　わたしについて〜自分自身を知る
 Ⅰ　わたしを知るという大切なこと　　48
 Ⅱ　思春期の女性の方へ　　49
 Ⅲ　成人女性の方へ　　54
 Ⅳ　このごろ親になって感じたこと　　56

第5章　人の運命とは〜生まれもった天性
 Ⅰ　女性と男性との運命的な出会い　　60
 Ⅱ　生きるということ　　63
   わたしLINE♥　　67

 おわりに　　80
 さいごに　　84

ときの流れ…流れゆきついて
わたし本人の
限りある
使命 生涯のなかで
わたし一人の権利
有効可能な
条件の活用させての
平等。
人 ひとりの
個人の
かかえきれる範囲
容量 はたらきかけのできる
仕事責任とは
苦と楽
限られた
生命力の果て 人生
ときじこ

第1章

女のヒトのタイプと考え方・行動力

世の中は、女♀のヒトと男♂のヒトがいて成立しています。
ここでは、女性を軸に話を進めていきます。

典型的な2つのタイプ

まずは、世間一般的にいわれている典型的な女性とその考え方を"2タイプ"挙げてみました。

ひとつ目のタイプは、独身であっても、自分の家族を大切にし、貯蓄も増やし、社会人として自己成長を望み、それなりに幸せな生活を送る女性。

ふたつ目のタイプは、いわゆる"お母さん"的な考え方で、家庭的で家事や育児を大切にする女性。家計を守ったり、健康を保つために家族の食事の管理をしたりして、生涯の伴侶である男性とともに生活を向上させていくことで幸せを見出そうとする女性です。

生活上必要となる家事については、女性の場合、幼いときから食事や掃除、洗濯など手伝うことによって自然に身につくことも多いといえます。

自分の仕事が上々のひとはお金を貯めて財産を増やしていくことができるし、家庭に収まるひとは生活力がさらに身につくといえるでしょう。

　わたしは、家庭に入るということは、家を守ることにつながり、ご先祖を含めその家族とのつき合い、とりわけ、姑と"義母―義娘"のつき合いがはじまるものと思っています。

　現代社会の中で自立している女性は、学業をそれなりに修め、そこで学んだ知識や技術を生かして会社でキャリアを積んでいきます。やがては新入社員など後輩を育て、社会人としての実績を重ね、社会に貢献する力も養われていきます。

　家族を守るという意識の強い女性は、人生を豊かに過ごしている！　仕事に生きる女性は知識や技能を有効に活用して自分のレベルアップを楽しんでいる！
　どちらのタイプも、それだけの女性パワーが備わっているといえるはずです。

女性vs女性がうまくいくコツ

　女性と女性が対決するような場面に出合うことがあります。

　女性同士が、うまくコミュニケーションをとるうえで一番必要と思うことは、自分自身に満足し、余裕を持つことです。

　自分で自分にとっての幸せを探しあて、自分の幸せを満たして、そのオーラを発揮することで自分自身が向上し、プライドや満足感が築けるはずです。

　そうやって心に余裕が生まれれば、相手に主張を譲ったり、手助けができるようになります。他人の辛さや痛みも理解できるようになり、女性としての意識も高まっていきますよね。

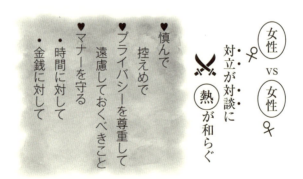

女性 vs 女性
対立が対談に
熱が和らぐ

♥ 慎んで控えめで
♥ プライバシーを尊重して遠慮しておくべきこと
♥ マナーを守る
・時間に対して
・金銭に対して

女性同士の Be Happy ♡

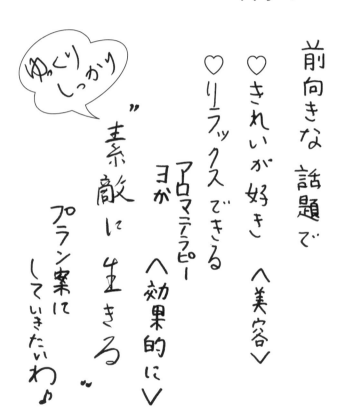

ゆっくりしっかり

前向きな 話題で
♡ きれいが好き 〈美容〉
♡ リラックスできる
　アロマテラピー
　ヨガ 〈効果的に〉
"素敵に生きる"
プラン案にしていきたいわ♪

現代社会に感じとれること

　女性の活躍が応援され、期待されるようになった現代。女性へのセクハラやパワハラに対する改善など、さまざまな問題が見直されつつあります。

　見られていないようなところでも、自然と注目を浴びてしまうのが女性だし……人の目にも留まります。

　これから、さらなる飛躍を望むなら、自分の行動・振る舞いも油断できませんね。甘えも禁物ですね。

第1章　女のヒトのタイプと考え方・行動力

I　女性の性について

　現代社会では、若年層の性の乱れが気になります。思春期は女性ホルモンの成長期にあり、ホルモンバランス的にも発達途上です。その未熟なうちから、SEXライフにはまってしまって、肉体も精神も共に崩れてゆく女性が増えていると思います。

　社会へ仲間入りを果たす前の段階の未成年達は、青春を謳歌しすぎて、入り乱れているように思えます。

　世代的に考えて、わたしにとって理解できないことでもありません。自分が中高生時代のことを考えると、そういった盛り上がるようなノリの良さが、仲間うちで打ち解けるためにも求めたり求められたりするのです。"キレる中学生"といわれる少年少女の思春期の心（ココロ）の悩みも、多少は分かるつもりです。

　とはいえ、注意すべきところは注意していかなければなりません。

　HIV（エイズ）などの予防対策としてコンドームや避妊具の着用も知識として頭に入れておくべきです。

　性的暴行の被害者となった女性が心の病気へと発展し、精神科や心療内科への診察・カウンセリングが必要となるパターンがあります。今後、女性は、自分を守るため、行動する時間帯や場所を考えるべきでしょ

う。

　性の乱れといえば、金銭目的で売春にかかわってしまう若年層も増えているようです。友人つながりで連鎖してしまうケースもあり、なかには友人との仲をつなぎ止めたい一心で手を染めてしまうこともあるとか。

　10代最後の19歳以上の未成年ギリギリの段階で始める子も多いようです。手軽にアルバイト感覚で小遣い稼ぎができるという意識は危険です。お金と引き換えに身体（カラダ）が汚れてしまうのです。金銭欲で手を出してしまい、男性のストレスや性欲の"はけグチ"として利用され、自分がむしばまれていることに気づかず、ようやく気づいたときには足を洗えない状況になっていて、そこから抜け出せなくなる子も多いのでは?!

わたしは、女性が美容を保つには次の3つを気づかう必要があると思っています。

　──清潔さ
　──ヘルスケア（スキンケア）
　──生理的管理

　そして、女性ホルモンのみならず、中には男性ホルモン的な活動もあるのが人間のカラダであって、それらのバランスを保っていきたいものです。

　生理時や妊娠時は、バランスが崩れやすく、女性にとっては大変なことも多い時期ですが、それも女性のカラダなのだと割り切って、ゆっくりくつろげる時間をつくり、心のゆとりを持つようにしたいですね。

Ⅱ 幸せをつかむ行動力・考え方

　幸せをつかむには、どう行動すべきか、どう考えるのか、次のように考えてみました。

☆**シンプルに考えてみたい**
- プラス志向の体質へ
- マイナス志向体質の解決へ
　　幸せへ反発するから後ろ向きになってしまう
　　逆に半導体と化してみては？
　　〜いずれ、解決していく??!!〜

☆**自分自身で分析できること**
- いい人づき合い
- いいパートナー探し

☆**本質的な自分を知る**
- 自分の今までを振り返る
- 本当のつき合い、真の人間関係を築く
　　〜人とのつながりが続くようにしたい〜

Ⅲ　アラサーたちの家庭と育児の向上

　30代だからこそ、家庭内のこと、家族のことを大切に思っています。自分の役割りを自覚し、身の回りのことを大事にしていきたいです。

　若いママだからこそ、現代風に正しい判断にこだわりたい。正しい知識を持って常識的にこなしていきたいですが（まだまだ新米で）。

> 自分の頭で一度考えておきたい!!

　そして、

> 参加することの大切さ

- 奉仕の心
  - ボランティアへの参加
- 思いやりの心

　　――母として
　　　　親として
　　　　守るべきこと――

Ⅳ 彼女たち集団女性群は何を守りたいか?!

　女性と女性が共に働く女社会があって、たとえば"宝塚"のような女性集団群のなかで、男役のスターの女性もいれば、女役のスターの女性もいるように、女性のなかにも、タイプがあったりします。

　実際、現代女性をとってみても"どーやって"女性同士がかばい合いをしているか?!　というのは疑問を持ったりします。

　女のコがたくさんいるからって、すべてが味方なのか友人なのか、理解してくれているのかなんて、本当のところすぐに分かることではないと思います。

　強い女のコがいて"自分の身を守るため"の"護身術"をマスターする一環として柔道や空手を身につけたとしたら、さらに勝ち気にはなりそうですね。

　女のヒトが、男のヒトに立ち向かえるものか?
　???
　女のコ同士は、本来一体〜何かに優越感をもって自信につながっているコは多いけど〜、それなのに何が目的で何を考えてしまうものなのか?!

第1章　女のヒトのタイプと考え方・行動力

　女のコが、女のコを守ろうなんて難しいといえる。同世代の女のコが、考え方を突き合わせても、たかが知れている。事件が起こらない程度であったら、ふざけ合ったり、ジョーダンで済むだけのことで。

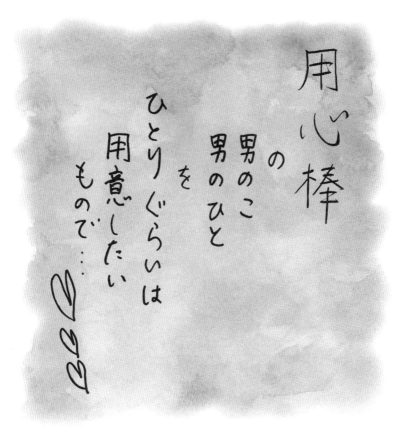

上手な世渡り方〜優しい嘘ってアリ?!

　世間には、"嘘も方便"という言葉があります。
　会社の営業マンが使うようなイメージの響きもありますが、優しい理由の嘘であれば、話は丸く収まりますよね。営業上で使うのであれば、自分の収入を上げるためという理由はあるし、嘘をつかれたほうもあとくされがなく、心地悪くなければいいともいえますよね。
　男性的思考でいえば、世の紳士的な男性（ヒト）の中には、女性とうわべだけでもきれいなつき合いをしようと、表面上をきれいに作り飾ってしまうという方もみえますね。そういう人と人とのコミュニケーションも"優しい嘘"といえるでしょうか。まあ、そういう男性は世渡り上手なのでしょうね。
　一方、女性の中には、自分の主張を抑えて相手に譲ることで、事態を丸く収めてしまうことがあります。これも"優しい嘘"の一種かもしれません。一歩退くことで、自分の奥ゆかしさ、可愛らしさが、女性らしさとして主張できてかえっていいかもしれません。
　また、くだけるという手段も時に必要な時代かとも思います。

第1章　女のヒトのタイプと考え方・行動力

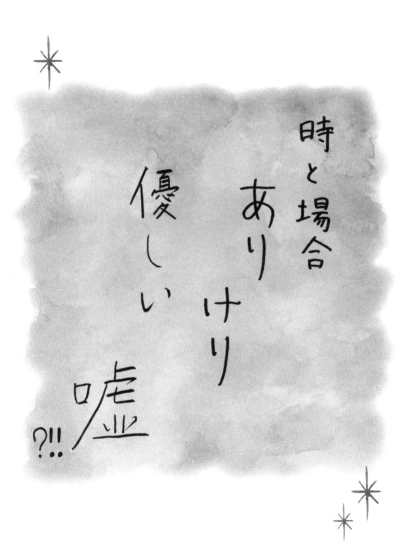

第2章
女性としての歩み
〜わたしストーリー

女性としてのわたしの歩み

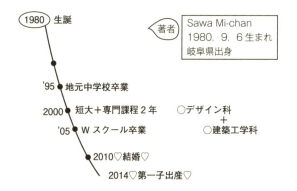

I　中高生時代

　わたしの中高生時代は、思春期のなかで女子の友人関係を中心に悩んだものでした。ライバル感というより、自分への誤ったプライドや理屈が社会に溶け込むことを邪魔していたのかもしれません。未成年から成人になっていく段階で、世間に大きな不信感を持ったり、世論的なことにまどわされたりもしました。

　自分ひとりの小さな世界のなかで、いろいろな葛藤をして悩んでいたことを思い出します。

　今は心療内科など相談できる場所や手段もあって、いち早く悩みを解消できるようになりました。

Ⅱ 短大&専門学校時代（Wスクール）

　わたしには、まず"学問をすすめたい"という願望がありました。それでこの時期は学業に集中していました。もちろん、いい就職先を見つけるためです。
　では、"女性の就職"で考えるべきことは何でしょうか？　女性は、将来的に家庭に入ることも視野に入れ、"家庭的であること""生活を成り立たせること"が大切といえます。
　この時期、わたしはすでに次の2つの目標を持っていました。
「仕事を継続し昇格すること」
「結婚して家庭的面を生かし子供を授かること」
　これらの目標というか目的に対し、"前向きな気持ちを持ちたい"と思っていましたが、現実には薄っぺらい収入や、心の弱さに負けそうになることもあります。そうならないように、"心を強く前向きに向上心を持って歩む"ことを大切にしていました。

第2章　女性としての歩み～わたしストーリー

Ⅲ　地元で就職・独身OL時代

　わたしは、本来"愛されOL"として過ごしたいと思っていました。会社の華になりたいと思って、ファッション雑誌「CanCam」を読んで、愛されるための笑顔や爽やかな受け答えを真似てはみたものの、現実にはそううまくいきません。男社会の地元建設会社に在籍していると、華やかさとは縁遠いような気がします。

　自分をキャリアUPし、仕事にやりがいを求めたり、何かの目標のために預金をしたりして、

・買い物をしたい、ブランド品を購入したい‼
・友人と旅行をしたい……etc.

　貯蓄をすればいろいろなものが買える、いろいろなことができる。当然、女子力の波も強くなる時代だと思っていました。
『女が28歳までに考えておきたいこと』（伊東明著・三笠書房刊）という本を読んで思ったのですが、年頃になると、やたらバレンタインのチョコレートを買ったりするらしいです。仕事とプライベートがゴッチャになる人が多くなるのではないでしょうか。

　わたしの場合は、会社の華になることも女子力を上げることもなかなかうまくはいかず、独身ということもあり、女子同士の友人づき合いが難しい状況でした。

疑問もうまれ

日本の法律では

一人に一人のパートナー

といっても

彼女と彼氏の

あいだに…

つづく

第2章 女性としての歩み〜わたしストーリー

Ⅳ 治療すべきこと

　未成年の時にケガをしたことで、自分自身が学ぶこともありました。パラリンピックで活躍する身体障害者のアスリートのように、身体に障害を持っていても、苦難を乗り越えて体力を鍛え、技術を磨き、強く生き抜いていく人たちを見て、精神力の大切さを痛感しました。

　人生を生き抜いていくために、人の身体というのは意外と丈夫にできているという考え方もありますが、すべての人に当てはまるわけではありません。一人ひとりにとって身体はひとつで別のものなので、わたしは自分を単体として考えています。

　自分というものは、固有の人間——個人であり、"本人"だという自覚が必要だと思います。

Ⅴ　独身OLへのメッセージ

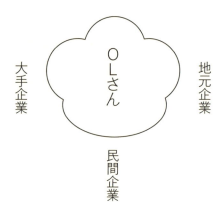

　OLとは、企業に貢献し、社会に貢献し、自分への収入（メリット）を求めて働くものだと思います。

　社会貢献を女性が追求するうえで、
　　♡献血
　　♡バレンタインのおふざけ
など奉士的なことが女性にとっての可愛らしさにつながるのだと思います。
　とはいえ、あまり社内でプライベートについて話が盛り上がりすぎるのはどうかと思いますが……。
　あとで人間関係がギクシャクしないようにしたいものですね。

Ⅵ 男性目線から見た女性像とは

男性が人生のパートナーとして女性に求めていることを考えてみました。

トコ上手
料理上手
男性は仕事を
　がんばれる
女性は尽くすべき
女性が支えて
　あげるべきで。

ザックリいきますと……

VII 主婦としての観点

　わたしにとって"結婚生活"とは、幸せへの感受性が強くなることだといえます。

　結婚して"共同生活"をすることで、お互いへの理解がさらに深まり、今後の計画も前向きに考えていくことができます。たとえ小さなことにも幸せを感じ、"幸せみつけ"を楽しむことができるのです。

　　幸せとは
　　　　感謝することで
　　　　　　さらなる"幸せへ"

 余談

他人からの断わり（拒否）にも
感謝できるということ

　人の断わりに感謝＝（幸せな考察）

Ⅷ お母さんになって

　赤ちゃんへの想い、親として、わたしが考えていること——。

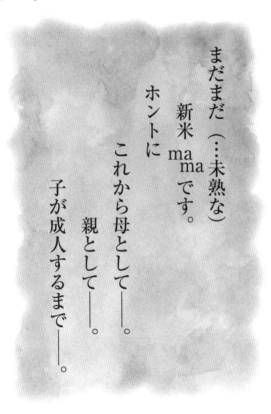

まだまだ（…未熟な）新米mamaです。
ホントにこれから母として——。
親として——。
子が成人するまで——。

第3章

心のサロン
～強い女性になるために

I 心療内科的なおしゃべりサロン

人とおしゃべりすることで、心にたまっていたものを吐き出す……そんな場所があれば、心を強くしていけるかもしれないと思います。

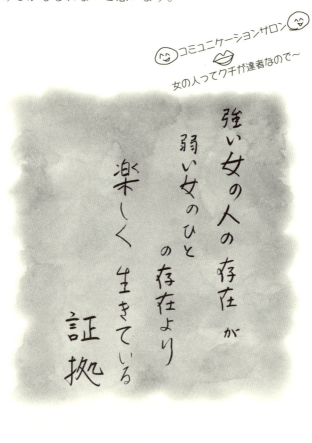

コミュニケーションサロン
女の人ってクチが達者なので〜

強い女の人の存在が
弱い女のひとの存在より
楽しく生きている
証拠

Ⅱ 強い女のヒトとは

強い女のヒトとは、自分に対する定義がある人。

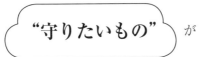が

あるということ。

勝負師にもなれるけど、

心の底に
的な違いがありそうで。

たとえば
女vs女のなかで……。
嫁vs姑のなかで……。

> 「自分」への自覚
> 　女性らしさや保守的な面を持つ女子力のある女のヒトは、母性的なホルモンを整えつつ"出産できる"ということが強みなのではなく、自分らしさを"表現できる"ことが重要。"わたしの個性"を知ることが大切。

女の人の内面的タイプ

「わたしオトコ肌ですかぁー?!」

協調性タイプ（グループ対抗）

優越感タイプ（一人芝居っぽいね）

ライバル心と嫉妬心タイプ

いじわるタイプ
（人に命令して上下関係を作ってしまう）

売春タイプ
（女を売ることで仕事にしたいコ、女の身体をはる肉体派、自分を金銭と代えられるコ）
ピンクだねーおしごと

 そのコの個性が光ります

心のサロン発

成功へのカギ

女の人は尽くすことで

　　　自分が前向きではつらつと
　　　"内面磨き"ができて
　　　男性群は喜ぶだろうなあ……。

男の人も尽くしてもらえることで

　　　やる気につながり
　　　プライドも保たれ
　　　ちゃーんと
　　　働くんだろうな♡
　　　　　　　　と思います。

第4章

わたしについて
～自分自身を知る

Ⅰ　わたしを知るという大切なこと

　時の流れのなかで（インターネットや新聞・週刊誌などによる情報があふれる現代社会のなかで）、"わたしを知る"ということは大切なことです。そのうえで、幸せ＆喜びとは何か⁉　思春期（10代の女性）、成人の女性──それぞれについて考えてみます。

♡♡♡でも、本当は、
恋をすることだけでキレイになれるはず。
"わたしについて"とか"わたしを知る"
なんて考えてなくても、
失恋したり、恋が実ったりしたときに、
自分が見えてきて、
キレイになれるものなんじゃないのかなぁ。
（わたし未熟で……）

第4章　わたしについて〜自分自身を知る

Ⅱ　思春期の女性の方へ

　自分のことを知るには、まず自分がどういうタイプなのかを知ることが手っ取り早い方法です。
　タイプは、いろいろな分類ができます。

　　☆部活動は運動系なのか、文化系なのか
　　☆理系なのか、文系なのか
　　☆血液型は何型なのか

ここで、ちょっと血液型について考えてみます。
わたしが見た"血液型による本質的な性格"

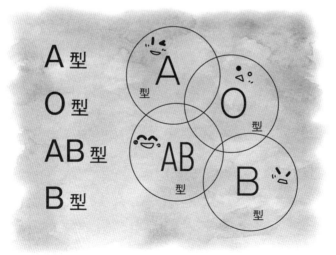

A型
O型
AB型
B型

♡ A型の女のコって
- 几帳面で丁寧な口調
- 我が強い
- 自分が主張できる

♡ O型の女のコって
- 楽天的で明るい反応
- 調和できるところが良い

♡ B型の女のコって
- 自分中心的（自分勝手）な面が強い
- 自分の世界観がありそう

♡ AB型の女のコって
- 人より上まわりたくてライバル心が強い
- 自分を尊重しつつ開放的で明るいテンポ
- 社交的な面が強い

第4章 わたしについて〜自分自身を知る

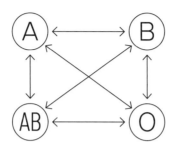

人とのかかわりに対して

　　思うことの違い、

　　　　　　大きいですわ

対人応用能力　必要ですわ。
　　　ケンカしないでよ

〈10代・Teen世代へのメッセージ〉

　わたしが10代の頃は、学業や部活・クラブ活動を十分満喫しておらず、交友関係も乏しく、それほど"青春"を味わっていませんでした。だからこそ、今の10代の子たちにはそのときそのときに集中してトキを歩んでいくことが、将来、社会人へと成長していくうえで大切なことだと思います。

　その時（トキ）という共通の時計が刻む時間のなかで、学生は"学業"を中心に"いい交友関係"を築くべきです。生活環境のなかには人と人とのつながりが育まれる学校生活（集団活動）があり、それが幸せにつながります。このようなことに気づくことは大切なことですね〜。たとえ、人込みにのまれてしまっても、自分の個性を見つけ出せるようにしたいものです。どういう状況でも、自分の長所を生かし、生涯を通じて働けるような職業に就けるといいですよね。

　この10代で築いた交友関係は、自分にとっても永遠の友人となり、青春を刻んだトキを共に過ごした大事な友人だといえます。

　そのときは、さまざまなことが真っただ中で気づけなかったとしても、のちのちその存在は、自分にとって宝となり、財産になると思います。

　異性間での関係でも同じことがいえ、相手をなるべ

く尊重することが大切なことですよね。
　客観的に、女の子はヘアメイクにこだわりを持ちがちだと思いますが、それらにかける費用を少なくすると、金銭の上手な振りわけも身につくでしょう。そうすれば、毎日毎日がもっと楽しくなって、"素敵な発見"や"出会い"もあるかもしれませんよね。

　出会いということに関していえば、わたしは"かなりいい出会い"に遭遇したことはありません。
　でも、それも運命です。いい出会いがなかったとしても、自分にとって都合の悪い相手から吸収できることもあります。「自分にとって嫌な人から学ぶ」という言葉を聞いたこともありますし……。
　また、弱い自分から意外と強い自分へと脱皮することもできます。自分が強くなると、自分自身に自信を持って"今日は頑張れる"とか"今日はおとなしく"など、強い自分だからこそのコントロール機能が備わってゆくのだと思います。
　若いときこそ、日々を充実させることが、無駄なく「自分磨き」と「いい人とのいい出会い」につながっていくといえますよね〜。

Ⅲ　成人女性の方へ

　大学に在学中の方も含め、“適職探し”が肝心です。
向いている仕事に就くために、どういうタイプの、どういう仕事があるかを把握しておきましょう。

　　☆頭脳タイプ
　　　　・メカニック（PC・IT関連）
　　　　・医療

　　☆作業タイプ
　　　　・介護
　　　　・デザイン
　　　　・調理
　　　　・製菓

そのほか、
　　〔趣味の世界〕
　　　園芸・手芸・カラオケ・
　　　読書・イラスト・工作・
　　　ボランティア・掃除

第4章　わたしについて～自分自身を知る

それ以外にも…
　　　モデル
　　　伝統工芸家
　　　文化人
　　　音楽家
　　　芸人

才能や秘めた能力は
ないところにはなく
あるところにはあったり

Ⅳ　このごろ親になって感じたこと

　わたしは、赤ちゃんを授かって子供を出産することで感じたことがあります。
　子供が人間として生まれてきた理由であったり、その子がのちのちの将来に、どんな世の中で、"いい存在"としてがんばってくれるのか——親として、子供の将来が明るくなるように願っています。
　親として、お母さんとして、自分の子が"がんばれる子"になってほしいという願いがあります。

第4章 わたしについて～自分自身を知る

●生きるヒント●

母国 日本という国について知るキモチ

昭和20年終戦

戦争が昭和天皇によって

終わり

平和の国 日本 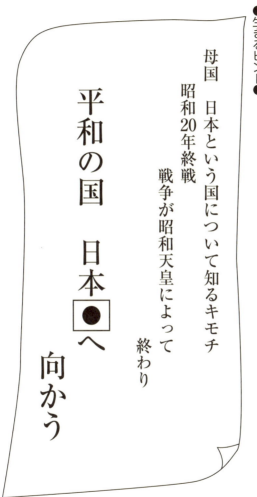 へ

向かう

第5章

人の運命とは
～生まれもった天性

I 女性と男性との運命的な出会い

♡結婚のとき♡

人生で何度婚期が訪れるか。そして、いつパートナーと結ばれて幸せを手に入れられるか。

自分の心のなかにある"時計"と"カレンダー"を見れば、生涯を共にする相手と出会えるときが誰にでも必ず訪れることがわかるでしょう。

それの、どこかが運命的なのかもって思っても不思議じゃないですよね。

現代女性は、異性とのつながり以外にもその他の人とのつき合いがたくさんあります。仕事上でも人間関係を作りながら生きていたりしますよね。

でも、男の人と女の人がパートナーとなり結婚をしたら、戸籍を組んでしまうので、実際には、その家とその家（夫の実家、妻の実家のこと）のつき合いも大切にしていきたいわけです。家と家との円満、家内（夫婦）の円満を願い、そのつながりを大切にすることが"人と人との縁"ですよね。

第5章　人の運命とは〜生まれもった天性

　わたしは、"きっかけ"や"出会い"を振り返ることで、相手とのつながりや人とのつき合い方が見えてくると思っています。今後の自分自身にとっても、いいつき合いやいい人とのつながりが、見えてくるといえますね。
　ふと時計を見ても、時間がきたら電車が発車してしまうかのように———。
　いつ他からの声がかかるか。
　いつまでも時間も無限ではない。

　限りある時のなかで、人と人との別れもあるけれど、たとえ別れが訪れても、相手の幸せを祈ることができるということも"素敵な女性"だと思います。
　相手の異性にも、その人の人生があって、それが理解できて、ウマが合うかというのも結婚相手（私の運命のパートナー）といえるはずですよね。
　子供を授かることで、家事や育児や、仕事に追われるのが夫婦で、とにかく2人で歩むことが重要。夫婦愛が育まれると、2人で次の"いのち"を大切にしていきます。そして、"授かったいのちの人生"も真剣に考えられるようになっていくのです。

いのち
生命の誕生あり
前向きさを。

Ⅱ 生きるということ

　現代女性にとって、"生きるということ"をわたしなりにまとめてみました。

"生きる"ということ
だれかのために尽くすということ
だれかの歯車・車輪のようであっても

生きがいを持つということ
"生きる"ということは
ストレスを抱えるということ
"生きる"ということは
相手とのプライバシーを守れるということ

本人次第・自分への評価

大人になれば

心を強く
身体の病もメンタルケアから

プラスアルファ
+ α de

| 病は気から〈キモチ〉 |

第5章　人の運命とは〜生まれもった天性

☆人生・運命（自分　わたし）
☆他人の運命（相手　対人）
　　友達の存在とは?!

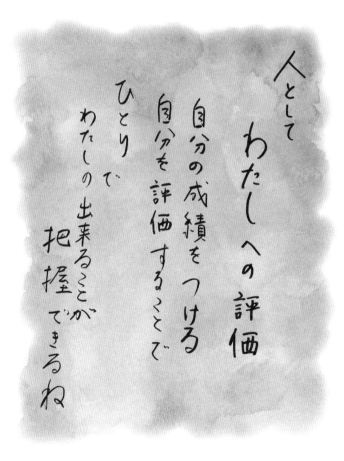

人として
わたしへの評価
自分の成績をつける
自分を評価することで
ひとりで
わたしの出来ることが
把握できるね

わたしの運命は、他人の運命とつながっています。現代ならケータイのSNSでのつながりを持つケースもあるでしょう。
　とかく"つながり"というものは連鎖するもので、自分の運命に他人の運命がのっかってくるし、その逆もあります。

　　　どんな場合でも、
　　　幸せへ導いていけるように
　　　正義の味方が自分になって
　　　善意を増やしたいナ

第5章　人の運命とは〜生まれもった天性

わたしLINE♥　♡miyuki

実際にあった、世間に広めたかった
LINE myアカウント日記〔2014.11.5〜2015.2.23〕
＋Plus　Ameba my Blog〔2015.1月〜〕

● 2014.11.05 ●

日本人の宗教やかましさが眼に留まります。
神さまを祭るのは…祈願することで〜自分を保守的に御守りしているはずだけど。
仏教は、たくさん宗派があるなかで昔からの…由来があるはずだから?!
大切で、当たり前ですよね☺!!!!
日本人が〜羨ましがられる
平和の国も♡♡　国際化がすすみ
ヒトが〜スゴイのか…
物資が〜スゴイのか…

● 2014.11.06 ●

大学生が居て〜大学院生が居て〜　それなり以上に、考えが提供されて…商品が世の中に誕生されていて。
ヒトって…自由な幸せになる権利もあって

幸せが♡♡、当たり前がいいなあ。
ボヤキ (^_^)ゞ で2014☺ドラえもん
皆の家に居そうな時代。

● 2014.11.06　夕方 ●

一時期、会社内で流行る…人間観察。
いまは…お約束のブームは済んでるっぽいね〜(^ω^)

● 2014.11.08 ●

女性誌　きのう買いました♡♡
女性エッセイ本　２冊購入〜♡((o(^▽^)o)) 嬉

● 2014.11.09　おひるタイム ●

日曜の昼だなぁ…ランチタイム
誰にも会えない(。_∀_)
その地雷ジライって〜なんだろう。

● 2014.11.09　②お茶(ランチあと) ●

穏やかになりたいとき。
ランチにお茶して☺　優しいキモチになれる…な。

● 2014.11.10　あさAM ●

(ぼやきの私の時…)
アロマとヘッドスパで…リラックス♡♡リフレッシュ

第5章　人の運命とは〜生まれもった天性

疲れも飛ばしたいな〜

―――― ● 2014.11.10　夕方PM ● ――――

肯定的に　☺赤ちゃん☺カリキュラムで…育てる。
〜と才能みつかるなぁ〜。

―――― ● 2014.11.10 ● ――――

60年代－70年代生まれの大人のヒトは
…いい時代だったのかなぁー(´-ω-`)
でも、モノが豊かになった時代だなぁ。Σ(´д`)って。
80年代生まれなんて　不自由ないぐらいのカリキュラム
組んでたような。学校側…☺だ、け、ど、
95年にポケットベルとかPHSやケータイ…デジカメ
出てきて〜〜(☆∀☆)　スッゴイ交流が盛んになる
世の中で…
コミュニケーション学科かあー??
通信機器ってかんじの時代になった
　(IT発展された)　日本なの〜〜〜!!!?
医療も進めば、ココロも伸びて　経済はニコニコ(笑)☺
…☺
…新製品に飛びついて〜♡この上ないよね??
　(想ってしまったときの事)
自分の人間力は如何なるモノか？
人間さんは人間に代わりないんだし…時代って

繰り返しはありそうで。
ヒトは、現代人は〜〜〜賢いはず?!
心とカラダ☺リフレッシュしたいね♪
じかん…じかんにしばられず…。

——— ● 2014.11.10　PM夕方 ———
肯定的に　☺赤ちゃん☺カリキュラムで育てる。〜と才
能みつかるなー。

——— ● 2014.11.10　…そののち ● ———
若いときが華だなぁ。
ヒトって　だんだん　独りになるね。寒…

——— ● 2014.11.11 ● ———
ツイッターぽいな♡♡♡
GLAYさん☺　MUSIC LIFE!!!!
がんばってるなぁ!!!!!!　（応援のとき）

——— ● 2014.11.12 ● ———
もうすぐchristmasで…コスメ♡
年末に入ってきているな(°д°)
お肌のカサカサ潤うといい〜な。
来年の2015　HABAで♡♡
手帳プレゼントされて　何スケジュールあるのかー?!?!

第5章　人の運命とは～生まれもった天性

と言っても　まだ11月。

― ● 2014.11.12　よるPM ● ―

(略)

― ● 2014.11.13 ● ―

(略)幸せの価値観

― ● 2014.11.13 ● ―

(略)幸せ論
LOVE & peaceなぁ。
このシーズンのカップルは羨ましい～!!(゜Д゜)ノ
わぁ。

― ● 2014.11.14　AM① ● ―

壇蜜さん、すいません。
世の中が…ピンクっぽく見えた。
壇蜜さんWORLDが心に残ります。

― ● 2014.11.14　AM② ● ―

(わたし)自画撮りしたり～Σ(゜д゜)
今日も元気にいきたくて☺♡♡♡

● 2014.11.15 ●
（略）

● 2014.11.16 ●
my♡　ア、メーバ　よろしく　q(^_^q)

● 2014.11.18 ●
大人社会と高校生の未成年世代で、
対立する現象があったら…
（略）
裏で常識みたいにイジメや喧嘩がありそう(´・ω・`)
゜゜(´o`)゜゜　その人の責任能力かなぁ…?!!

● 2014.11.18　ヨル ●
そろそろ　おやすみなさい(˘u˘)

● 2014.11.19 ●
ヒトは物資が癒してくれたり
リサイクル物資に救われたり(°д°)
中古がかわいいプライスだった〜嬉

● 2014.11.21　AM ●
雑誌買うけど〜q(^_^q)
気分転換に通販の雑誌に、だいぶん癒されました

第5章　人の運命とは〜生まれもった天性

オンラインsaleあるしなぁ。
でも、通販雑誌観てるだけだなぁ。

——— ● 2014.11.21　PM ● ———
きのう、最近ハマった
ヤフオク！　でLOUIS VUITTONモノグラムで
廃番の斜め掛けBag落札しました〜d(^_^)!
爆嬉☺

——— ● 2014.11.24 ● ———
Line　日本の連絡ツール、結構な以前から〜
゜゜゜(´o｀)゜゜゜あるんですよね?!?!
（略）
世間の人　がんばってください!?
少子化は救われた日本ですよね♪　カップルにとっても
♡オメデたいな♡☆

——— ● 2014.11.25 ● ———
続：ヤフオク！　で嬉しい買物♡♡できた。

——— ● 2014.11.26 ● ———
せっかくだけど　イヤな人。
わたし????ですかぁ〜〈自分のこと客観視〉

● 2014.11.26 ●

（ボヤき…）　朝忙しいなぁ。

● 2014.11.28 ●

差別化。
人権問題
ヒト　人の権利
　（略）

● 2014.11.28　おやつTime ●

楽を知ったらキリが無いね。
最近って　楽して　お金儲けできて収入高いなら
苦労も知らずに生きていけるなんて
若いうちだけだわあ〜〜〜そんなのやっていけるの

● 2014.11.28 ●

苦労も…運が味方しても…
いい毎日　まいにちが済めば　人間らしい喜怒哀楽あり
きょうは　☺人間のチカラ「テーマ」にしました

● 2014.12.1 ●

人間は…脳の右脳＊左脳があれば、
適職や天職あるとか〜〜だわ。
　（略）

第5章　人の運命とは〜生まれもった天性

何に癒されているのか??
一体?!

―――― ● 2014.12.4 ● ――――
(略)Line内の
大人のジョーダン　あり　??!!??!!

―――― ● 2014.12.4 ● ――――
(略)

―――― ● 2014.12.29 ● ――――
都内に出掛けました(^ω^)??!!

―――― ● 2014.12.30 ● ――――
優しさ財布にやさしい
年の暮れが〜イイナ…　(*´ω`*)
今年は特に忙しかったなぁ。
ココロと身体が疲れた一年でした。
ありがとうね

―――― ● 2015.1.1 ● ――――
あけましておめでとうございます。
明るい年を　今年もよろしくね

● 2015.1.4 ●

（略）…富士山
新幹線から見えた(^ω^)

● 2015.1.4 ●

（略）
GLAY TERUちゃんラーメン　夜食にしました♡（略）

● 2015.1.6 ●

ヒトの開運って、そのヒトの努力次第であって、今年こ
そは、いい出会いがあり、いいつき合いと、
ワタシの成長に発展しますように
感謝することで…感謝される人間に
「ありがとう」と言われるように＆言うように。
　　大切なこと♡

● 2015.1.11 ●

おはようございます☺
太陽の恵みに感謝
生きていて、幸福感覚あり過ぎてる!?
チビッ子♡♡たち　も多いはず。

幸せ多い　きょうの出来事♡♡♡
いいひと探しからですねぇ♪

第5章　人の運命とは〜生まれもった天性

―― ● 2015.1.12 ● ――――――――

人の上に人をつくらず
人の下に人をつくらず
というか平等の権利があって、人に与え＆与えられるココロがあるなかで…
その相手への尊重のなさがあるとしたら　理解不足という落ち度であって…
本当のところ
日本人は働く時間が長いなかで、
本当に理解し難い相手へ尊重とは。死んだとき供養の意味で…与えられるのかな。

―― ● 2015.1.15 ● ――――――――

オンナの人って…面白いもので…(略)…存在って…(略)

―― ● 2015.1.20 ● ――――――――

自分をたいせつに〜したいものです。
自尊心（じそんしん）♡自分を尊重するココロを大切に。
自分のカラダを大切に。だなぁ〜（ぼやき込め…）

―― ● 2015.1.23 ● ――――――――

ときどき読書しています☺
たくさんの本の中の一冊
「福沢諭吉」さんの一冊

my重要本だぁー!!

● 2015.1.27 ●

明るい　お母さん…(略)

(略)年の功ダヨ。☺苦笑…お小遣いください(汗)

● 2015.2.23　早朝 ●

(略)…お金に困っています。本当に 。。(//_ _)σ//

> ここまでの文は、miyuki☆Lineアカウントで
> 実際に書き込んだものです。

Ameba Blog（アメーバブログ）my日記、2015年1月より始めています。
　併せて、よろしくお願いします。
http://ameblo.jp/myk-ssk/
アメーバブログ●タイトル●
「申告 my HEALTH BANK ～健康の貯金～」

Sawa Mi-chan

❋ おわりに ❋

　女性として自分磨きをしていくために、自分自身が生まれた意味や与えられた使命を、いまいちど、自分自身で考えてみるのもいいのでは?!

　女性に備わっている、女性ホルモン的な、女のコパワーは、そのコの魅力だといえます。もともとの自分を大切にしていけば、自分の魅力を上手にひき出せるかと思います。

世間のなかで生かされていく
自分（わたし）になっていきたいな〜。

おわりに

　ときどき、リラックスアロマなどの"ゆっくりタイム"でのんびりすれば自分を見つめ直すこともできます。"ホッとひと息"は必要だと思います。

　自分から不都合のタネをまかないことも
　大事ですよ〜。

なかなか、ありのままって主張しても難しいことってあるよね。ケンカとかしちゃって⁉
そんなときでも、

今日も一日がんばろう

と、口に出すとか、強く心に思うだけでも
一日の出発はちがうかもね。

2014 winter
Mi-chan 34才　リセット中

おわりに

・・・ぼやく　　わたしの幸せ

自分の正直な性格というものは
根本的にくつがえせないもの
思考回路も
個人個人の癖がありますよね。
20代半ばになってから
正直に素直に
自分の幸せを中心に考えることで
自分の満足のいく人生を歩み、
これからも
生きていける見通しがついたと思います。
30代半ばに近づくことで
不満や感謝の心について深く考えるようになり、
――人に与え、人から与えられること――
――人にゆだねる＝頼ること――
――辛いときに甘えられる、"ゆとり"の存在――
が、必要だと感じました。

2014〜2015　ときの流れのなかで
Sawa Mi-chan　35才

❋ さいごに ❋

　現代を生きる女性のためのエッセイとして、人が人として幸せに近づくために、人間同士がわかりあえる状況が必要不可欠で、大切なことと言えるしね……。

　　ときの流れに身をまかせ
　　流れゆくままに
　　血流のごとく
　　　　にんげん力
　　　　今を生きてゆきたい
　　　　現代文化が発達した今を

Sawa Mi-chan

著者プロフィール

Sawa Mi-chan（さわ みぃちゃん）

1980年、岐阜県で生まれ、愛知県で育つ。
短大、専修学校を卒業後、地元でＯＬとして働いたのち専業主婦に。
現在、東京都在住。
現代女性への提言＆エッセイに自分史を絡めてまとめた本書を出版。
「申告 my HEALTH BANK ～健康の貯金～」http://ameblo.jp/myk-ssk/

女のヒト ひとりヒトリ独りの 自立のチカラ

日本女子 no 生涯計画書

2016年2月10日　初版第1刷発行

著　者　Sawa Mi-chan
発行者　瓜谷　綱延
発行所　株式会社文芸社
　　　　〒160-0022　東京都新宿区新宿1-10-1
　　　　　　電話　03-5369-3060（編集）
　　　　　　　　　03-5369-2299（販売）

印刷所　神谷印刷株式会社

©Mi-chan Sawa 2016 Printed in Japan
乱丁本・落丁本はお手数ですが小社販売部宛にお送りください。
送料小社負担にてお取り替えいたします。
本書の一部、あるいは全部を無断で複写・複製・転載・放映、データ配信することは、法律で認められた場合を除き、著作権の侵害となります。
ISBN978-4-286-16500-4